UN CORSE

A JOSEPH MAZZINI

PARIS

IMPRIMERIE DE L. TINTERLIN ET Cⁱᵉ
rue Neuve-des-Bons-Enfants, 3.

UN CORSE

A

JOSEPH MAZZINI

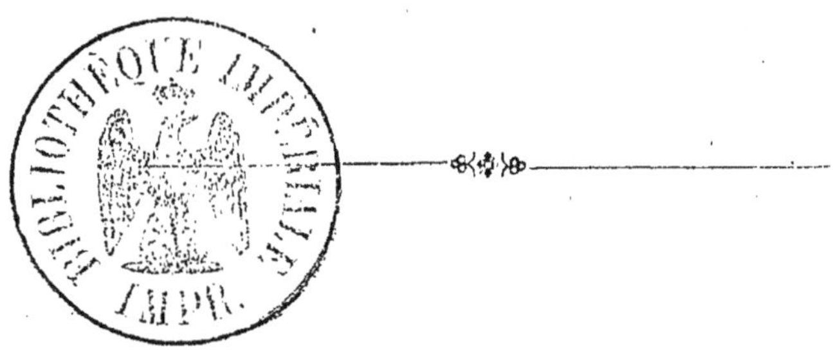

PARIS

E. DENTU, LIBRAIRE-ÉDITEUR

GALERIE D'ORLÉANS, 13, PALAIS-ROYAL

—

1858

UN CORSE

A JOSEPH MAZZINI.

I

Dans une lettre que vous avez fait imprimer et publier récemment à Londres, je remarque ces mots : *Avec votre police corse.* Je me suis emparé de cette provocation directe à tout un peuple, et, en ma qualité de Corse, je viens vous combattre. Tout d'abord, je vous avoue que j'aurais voulu pouvoir mettre en tête de cette lettre : A monsieur Joseph Mazzini ; mais un homme flétri par plusieurs jugements et condamné à mort par ses concitoyens n'a droit à aucun titre ni à aucune distinction. De même que l'esprit du mal s'appelle Satan tout court, il ne reste de vous que votre nom désastreux.

Ce nom dit beaucoup de choses ! il a propagé l'erreur partout, froissé toutes les consciences, alarmé toutes les opinions et éveillé toutes les susceptibilités et la justice de l'Europe ; ce nom, auquel on ne saurait toucher qu'avec répulsion, est inscrit dans nos fastes en lignes de sang !

Vous avez déshonoré l'autel de la liberté par l'apostolat du crime et de l'assassinat. Vous avez mis entre les mains de vos séides, non le poignard de Brutus, mais le stylet des bandits ! Que vous importe à vous, vivant des deniers de vos victimes, de les livrer au bourreau ! Avocat sans causes à Gênes, au lieu de protéger la veuve et l'orphelin, vous les avez enveloppés dans un manteau de deuil éternel. Par votre fiévreuse ambition, vous avez voulu imiter Robespierre. Cependant, quels que soient vos actes et vos folies, quelles que soient vos prévarications et vos orgies républicaines, je daigne descendre jusqu'à vous pour ajouter une nouvelle flétrissure à toutes celles que la justice a gravées sur votre front.

D'abord, votre vie politique commença par un acte de déloyauté, en créant à Marseille le journal de la *Jeune Italie*, comme si vous aviez voulu vous séparer déjà, et par ce seul titre, de ces malheureux Italiens qui avaient payé, et par leur sang, et par les souffrances de l'exil, les tristes et douloureuses circonstances de la révolution de 1821. Vous mettiez ainsi à l'index les généreuses actions de vos compatriotes, en effaçant le passé par l'orgueil de votre avenir.

Que vous importait le sang qui avait coulé dans la Péninsule Italique? Étranger au dévouement d'une nation qui voulait s'émanciper, vous vous installâtes comme Marius à la tête d'une organisation impossible, et cela, par calcul, et croyant que la révolution de 1830, en ébranlant les destinées de la France, aurait été le marche-pied de votre intronisation européenne.

Je crois, en vérité, car vous citez souvent Macbeth, que les quatre Furies de la chaudière shakespearienne, en pétrissant votre âme , ont assisté à votre premier début.

Votre style mystique était peu compris, on voyait en vous l'audace du tribun, on n'y trouvait pas la pensée de l'organisateur. Il vous manquait le génie de la vérité, et, âme étroite, vous continuiez l'erreur !

Il vous fallait néanmoins du bruit pour vous enivrer : vous prétendiez à la gloire et à l'immortalité. Il vous fallait, enfin, des collaborateurs, devant lesquels vous vous faisiez humble par vanité. En pesant chacun de vos mots, en vous mettant sous l'égide de vos opinions naissantes, en sortant de votre coquille, vous battiez de vos ailes pour essayer leurs forces.

C'est ainsi que, entrant dans le monde politique, vous vouliez en escalader le sommet, tandis que vos pieds pouvaient à peine se détacher de la superficie.

Comme écrivain, vous avez fait, à cette époque, ce que les Marmons font maintenant en Amérique : du faux bruit et des utopies ! Ce n'est pas par là que l'on éveille la conscience des nations, que l'on commande le respect, que l'on fixe l'attention publique. Vous avez paru si peu à craindre, que le gouvernement de Louis-Philippe vous laissa suivre, pendant quelque temps, le chemin que vous vous étiez tracé, et dans lequel vous vous embourbiez chaque jour de plus en plus.

Je crois, pour mon compte, que le gouvernement passé vous avait estimé alors à votre juste valeur, et j'ai entendu plus d'une fois répéter ces mots : Mazzini n'est pas un homme sérieux ! On avait peut-être tort de vous juger ainsi, car la race des serpents ne se développe qu'insensiblement, et ce n'est que dans les entrailles chaudes des révolutions qu'elle prend sa force.

Étant alors dans la force de l'âge, vous affectiez, pendant le jour, tous les dehors de la vie monastique ; mais lorsque le soleil avait disparu et que la nuit couvrait Marseille de son voile, Mazzini, redevenant Mazzini, se livrait à tous les débordements de ses passions.

Du reste, vous avez le sang chaud de votre origine gé-noise, et quoique vous insultiez à la Corse, vous seriez mal venu dans un pays où l'on respecte la pudeur, la sainteté de la famille, et tout ce qui constitue l'ordre moral et politique.

C'est un Corse qui se fait un devoir de vous écrire, et qui tient à honneur, non de réfuter, mais de condamner par les faits, la dernière lettre que vous avez clandestine-ment eu l'audace d'imprimer à Londres.

Entre vous et moi, il ne saurait exister aucun point de rapprochement : entre l'assassin et un homme dévoué à sa patrie, la seule limite possible est celle du droit contre l'in-famie.

La Corse est franchement et loyalement fière d'avoir été le berceau de la gloire impériale ! Les Corses vivent de leur honneur, et vous abritez votre déshonneur sur une terre étrangère. Ils respectent leurs lois et honorent leur souverain, et vous violez chaque jour le droit d'asile que l'Angleterre vous accorde. Ils sont des soldats dévoués, et vous n'êtes qu'à la tête d'une bande d'assassins. Ils veulent rester les éléments de la paix publique, et vous ne se-rez jamais que l'instrument de la destruction. Leurs nuits sont calmes et pures, les vôtres pleines d'insomnies, agi-tées par des fantômes qui viennent vous parler leur tête à la main.

Si les temps pèsent et sont menaçants, comme vous le

dites dans votre dernier écrit, ce n'est que pour vous. La marée de l'opinion publique monte et remonte pour vous engloutir : ne croyez pas qu'il vous soit permis de vouer de nouveau à la mort des citoyens paisibles, des vieillards, des femmes et des enfants, par des projectiles de destruction. Le 14 janvier devrait peser sur vous comme un remords, si Dieu vous eût accordé une âme et un cœur pétris dans le sein de l'humanité.

Hélas ! celui qui fuyait honteusement après le sacrifice de ses adeptes en Savoie, celui qui entraînait la Lombardie à sa perte, celui qui voulait envelopper Charles-Albert, son roi, dans la réseau de la perfidie à Milan ; celui qui croyait pouvoir monter au Capitole à Rome ; celui qui signait de fausses traites sur l'Amérique, celui qui armait le bras régicide de Pianori, celui qui fut le promoteur d'une tentative révolutionnaire, le 29 juin 1857, à Gênes, et qui, au moment du danger, se tenait honteusement caché dans la maison du marquis P***, celui qui, au mois de juillet suivant, envoyait ses instructions en Suisse, pour organiser des bandes à l'effet de révolutionner la Lombardie, celui qui était le conseil d'Orsini, n'est pas un homme, ne peut avoir ni âme ni cœur, et si la société le repousse, c'est que Dieu l'a déjà condamné !

Je ne vous parle pas des ombres ensanglantées de trois mille citoyens qui protestent contre vous et qui, sortant de leurs tombeaux pourraient vous crier : Caïn, qu'as-tu fait de tes frères ?

Les crimes que vous avez excités pèsent sur vous, comme le manteau de plomb des damnés de l'enfer du Dante. Et, à propos du Dante, je pourrais vous rappeler ici, à vous qui attaquez la généralité des Corses, comment cet auteur immortel et éminemment italien a stigmatisé vos nationaux (les Génois), mais je combats vos utopies et non les vices du peuple auquel vous appartenez.

Vous avez enfin tant fait, qu'il ne vous reste plus maintenant que la férocité du tribun. Vous supposez encore que les nations, qui ne forment entre elles qu'un seul faisceau, peuvent sauvegarder votre horrible existence ! Vous ne savez donc pas que la sûreté des unes ne peut être que la conséquence de la sûreté des autres ?

Vous insultez effrontément l'Angleterre par la solidarité que vous lui infligez par votre dernière lettre.

Et depuis quand, dans le droit des nations, l'assassin peut-il avoir un lien d'union avec un peuple civilisé et avec un gouvernement allié de la France ?

Le sort de l'Empire n'est pas décidé, comme vous le prétendez ; il a été de plus en plus consolidé par le corps diplomatique qui s'est associé aux sentiments de la France dès l'éclat de vos bombes incendiaires.

La presse périodique, sans aucune distinction, n'a fait entendre qu'une seule voix, et les journaux de Londres, en date du 16 janvier, n'ont eu qu'un cri de réprobation contre cet exécrable forfait.

Le langage que vous prêtez à l'Angleterre n'est que de vous ; c'est le charlatanisme de votre vie qui ne connaît qu'un seul mot : conspiration ! ! Sorti des égouts des éventualités et de la corruption la plus effrénée, homme sans conscience, mis hors la loi, vous avez tort de supposer que le droit d'asile peut abriter votre criminalité.

L'ombre très-pâle et découronnée de Sainte-Hélène, c'est vous qui parlez, vous est inconnue. J'en suis certain, car il n'y a aucun rapport entre le bien et le mal. L'organisation de par la loi et par le vœu du peuple ne saurait adopter jamais les idées d'un Mazzini.

Lorsque d'un commun concert toutes les nations européennes ont protesté contre l'attentat du 14 janvier, il n'appartenait qu'à vous de vous inscrire en faux.

Vous prétendez que l'Empire n'est qu'une parodie du pouvoir !... Avez-vous oublié que l'aigle impériale a fait le tour du monde, et que dans son vol rapide, elle a constitué les droits de la nation à laquelle vous appartenez, en créant le royaume d'Italie ? Si l'humanité veut la réalité, il ne faut pas procéder par l'arbitraire, mais par la raison et la justice qui doivent la fortifier.

Que parlez-vous d'apparition importune et de retour, vers la tombe, vous homme sans croyance, et qui y marchez avec anxiété, doutant de tous les principes qui constituent l'harmonie sociale !

Vos prédictions n'ont aucune portée et le terme que vous assignez aux pouvoirs existants n'est qu'une plaisanterie de mauvais goût.

Un pouvoir légalement constitué ne saurait être une usurpation, et si la France pouvait être troublée et inquiète ce ne serait que par le désordre de vos prosélytes et des sociétés secrètes, que l'on parviendra à démasquer en plein jour, la loi ne pouvant être que la lumière.

Cette lumière se fera, malgré vous, sans que le gouvernement ait besoin d'avoir recours à aucune mesure arbitraire, tous les corps de l'État lui ayant donné le moyen de n'avoir qu'à appliquer la loi.

Je vous comprends ou je crois vous deviner lorsque vous parlez d'emprisonnements, de déportations et d'étouffements de la parole ! vous voudriez que les préposés de l'ordre devinssent, comme vos gendarmes à Rome, les instruments du désordre. Il vous serait sans doute agréable que le repos de la France fùt compromis par des luttes de soldats sans discipline, serviteurs un jour de César, esclaves le lendemain de l'émeute.

Détrompez-vous, l'armée française connaît trop ses devoirs, et sait trop apprécier les bienfaits de son souverain pour mordre jamais à l'hameçon des doctrines qui pourraient la pervertir.

C'est là ce qui vous tue, c'est là que vous savez ne pouvoir jamais mettre votre pied, ni faire adopter vos paroles subversives.

Si vous ne nous connaissez pas, sachez au moins nous respecter, et ne veuillez pas faire à nos paysans et à nos agriculteurs la même insulte que vous prodiguez à notre armée.

C'est en améliorant, ne vous en déplaise, la condition de la classe des agriculteurs et de l'ouvrier, que notre Empereur a acquis des droits à la reconnaissance universelle. Entouré des brouillards de vos passions, incliné devant le soleil qui se fait autour de nous, devant cette mutualité d'efforts qui donnent des titres de noblesse aux cultivateurs, aux hommes d'idées, et à tous ceux qui militent pour le progrès, taisez-vous !

Certes, ce n'est pas le progrès que vous rêvez en vous apitoyant sur la société de la Marianne..... Au fait, que peut-il y avoir de commun entre la France et vous ? Et, si Napoléon s'est déclaré l'Empereur du peuple, vous vous êtes déclaré le vizir d'un sérail d'eunuques pervertis qui ne peuvent plus rien contre nous. Là, où notre puissance morale grandit, la vôtre, en supposant que vous en ayez une, s'affaiblit et se meurt ! Voilà ce qui vous désole, c'est que vous n'êtes rien et que nous représentons le tout.

Vous avez assez plumé la poule d'Henri IV, mais la France ne la mettra jamais au pot pour nourrir vos satellites. Si votre cerveau est menacé d'un cas d'apoplexie foudroyante, ne vous en plaignez qu'au dérangement de votre vie et sachez tomber avec le calme et la résignation d'un chrétien.

Chrétien !!! J'oubliais que vous avez toujours été en guerre ouverte avec les ministres du Christianisme ; que dans vos distinctions, divisions et subdivisions de la loi universelle du Christ, vous n'avez eu que des paroles de haine contre ses apôtres et contre Rome.

Aussi, vous ne pouviez manquer d'accuser la France de son retour vers des sentiments plus religieux, et vous vous en prenez à ses missionnaires de la foi, d'imiter l'exemple qui leur vient du trône pour fortifier la morale de notre nouvelle génération.

Oui, le vide se fait autour de vous ; mais dans nos églises et dans nos temples, la religion multiplie ses adeptes.

Nous ne communions pas, comme les barbares, sur des poignards rougis du sang humain, mais devant celui qui nous juge, comme il vous a jugé.

Cette résurrection doit vous déplaire, parce que le sentiment moral, triomphant du passé, vous condamne vous et les vôtres à l'ilotisme.

Entre la doctrine du Christ et les actes de Mazzini, c'est la séparation du ciel d'avec l'enfer.

Le bien et le mal ne seront jamais les extrêmes qui se touchent.

En reprenant votre écrit, je trouve que vous faites la

stratégie la plus adroite du mensonge ; non en élargissant de nouvelles lignes de communication, mais en détruisant sans édifier. Vous maçonnez Paris à votre façon ; et cela, au point que l'on croirait, si l'on vous prenait au sérieux, qu'il n'y a qu'une classe ouvrière qui a le droit de vivre.

Je vous croyais plus fort en économie politique, en appréciations industrielles, en jugement des catégories ouvrières. Ici encore vous nuagez la question, et sans vos sarcasmes, je dirai presque, vous tombez dans l'idiotisme.

Vous n'avez donc pas même les premiers éléments théoriques qui lient les différents corps d'état ; je ne vous parlerai pas de la pratique, parce que vous n'avez jamais apporté une seule pierre à l'édifice de la civilisation, n'ayant d'autre métier que celui de la saper. Puisque vous prétendez pouvoir traverser impunément la France, veuillez interroger nos ouvriers qui vous diront tous, que vous êtes inepte dans la question qu'il vous a plu de traiter. J'ajoute que la France n'a besoin ni de moyens transitoires, ni d'expédients, sa production régulière lui suffisant et son budget donnant acte de sa richesse.

Quant à la bourgeoisie que vous condamnez à des craintes et à des insomnies, elle jouit de la vie normale qui appartient seule aux grandes nations, à celle surtout où le crédit ne dépasse pas la confiance, et où la confiance ne dépasse pas le crédit.

Je suis fier de vous fournir ces renseignements ; je sais que vous aimeriez mieux un tableau sinistre, un champ désastreux pour y allumer le feu d'artifice de vos préoccupations. Ce bouquet vous manque, de même que les chandelles romaines se sont éteintes dans vos mains.

C'est la nuit sombre de Rimini que vous n'êtes parvenu à éclairer que par les pétards de la *Jeune Italie!*

En faisant le dénombrement de nos capitaux et de nos propriétés, il vous sied de faire le procès à notre agriculture, à nos industries et à notre commerce! La France de Napoléon III n'a encore tendu la main à aucune nation! elle se suffit à elle-même; et, mère nourricière d'un grand peuple, elle agrandit ses artères pour faire refluer partout les bienfaits d'une administration sage, d'un Gouvernement protecteur.

Voyez nos comices agricoles, et courbez votre tête.

Je ne suis pas appelé à défendre les actes de Sa Majesté Impériale; vous vous êtes donné l'impossible tâche de les dénigrer! Napoléon III n'a besoin ni de saccager le monde par des conquêtes, ni d'imiter la Rome antique. Sa conquête la plus précieuse, celle qui est contraire à vos vues, à votre esprit de désordre, c'est la conquête du peuple français! Celui-ci ne lui fera pas défaut.

Napoléon III ne s'enivre pas des pompes militaires, comme vous le prétendez; il est le père et l'ami de ses soldats, qui ne sont pas des prétoriens vendus à César, mais les nobles défenseurs et soutiens de la Patrie; et si l'anarchie, que vous préconisez, venait à se montrer, l'armée française se lèverait comme un seul homme pour la repousser.

J'entre, mais avec regret, dans la discussion que vous soulevez bien maladroitement sur nos relations avec les puissances étrangères.

Descendu du Capitole, je vous traînerai aux Gémonies.

Votre pamphlet n'étant qu'un tissu d'aberrations, je vous dirai : Mazzini, quelle est l'opinion de l'Angleterre sur votre compte ?

II.

La liberté, la presse, le droit des gens, voilà des mots que vous faites à chaque instant sonner bien haut, en oubliant que vous avez défloré la liberté par la licence et l'ignominie de vos actes, et, n'imitant pas Antipater, vous avez envoyé vos assassins, non pour en féconder les principes, mais pour en détruire la statue immortelle. Vous vous êtes attaqué à tous les hommes de quelque valeur, et je trouve étrange que vous profitiez de la liberté que vous usurpez pour faire intervenir les noms de MM. Thiers et Guizot, comme si ces deux hommes d'État n'avaient pas poursuivi votre conduite antérieure avant que vous eussiez érigé l'assassinat en doctrine de civilisation.

En vérité, Athènes et le Bas-Empire ont compté des histrions, qui, au nom de la liberté, ont tué la Grèce et Rome ; vous les surpassez par le cynisme et l'extravagance de vos idées subversives.

La liberté, pour vous, c'est d'allumer des torches incendiaires, d'armer des bras fanatiques, et, Néron de la démagogie, de chanter, non la destruction de Troie, mais l'incendie de l'Europe !

Néron était artiste au moins, il semait de sable d'or l'espace de la ville antique; sous vos pas n'éclot que le sang bien chaud de vos victimes, sur lequel vous piétinez dans votre vertige et dans votre ivresse.

Et vous appelez cela la liberté! votre imperturbable audace ne saurait se démentir! on dirait que vous êtes à la solde de quelque pouvoir occulte qui vous pousse et vous entraîne pour déshonorer l'humanité et les nobles et généreuses conquêtes de notre siècle.

Apprenez donc que la liberté ne saurait exister que par la conscience du bien, car elle est la garantie des droits que la loi a sanctionnés, et son progrès lent et progressif n'est que le fruit pur de la raison et de la justice.

Promenez, promenez-vous comme Attila, conduisant partout l'épouvante et la mort; rêvez, comme vous l'avez fait par votre lettre de juillet passé, la destruction de la propriété par les paysans de la Lombardie, pour lesquels vous avez donné à vos séides l'ordre d'armer les bras; jetez-vous encore dans le sein de votre patrie pour faire assassiner quelques soldats inoffensifs; écrivez encore qu'il faut en finir avec Victor-Emmanuel, votre roi; cherchez de nouveaux Pianori et de nouveaux Orsini... votre liberté sera exécrée par la conscience publique, rougie par le couperet du bourreau, et ne se dressera que toute mutilée des pieds de l'échafaud!

Un de vos compatriotes, dans un article récent, désignait ainsi la liberté de Mazzini : liberté d'être le premier à la curée; liberté de tout engloutir, laissant tomber par-ci, par-là, quelques miettes de sa table aux Lazares proscrits; liberté d'entraîner au combat, sans se trouver jamais sur le champ de bataille; liberté de falsifier des passe-ports, de se masquer afin de parcourir le monde, non en pèlerin, pour s'incliner devant la nationalité italienne, mais comme les Bravi de Manzoni ; liberté de dresser des plans stratégiques dont il déchire toujours les feuillets pour en allumer son cigare ; liberté de se déclarer citoyen en Amérique et dictateur à Rome ; liberté de flétrir tout ce qu'il touche de sa main gantée, toujours incertain et incapable de mûrir une pensée d'organisation, et se laissant bercer sans cesse par les flots des éventualités ; liberté enfin de faire plutôt les affaires de l'Autriche que celles de l'Italie, car jamais personne, ni par sa plume, ni par ses actes, n'a mieux servi la cause du despotisme que Mazzini par ses extravagances.

Vous prétendez à un piédestal, vous voulez une statue, et ceux qui vous connaissent et qui vous ont étudié bien de près, ne trouvent d'autre place pour vous qu'entre Pasquin et Lacenaire ; vous tenez en effet un peu de l'un et de l'autre par vos écrits et vos actions.

L'Europe vous est murée, non comme le temple de Minerve pour Pausanias, mais comme une enceinte formidable dressée contre vos forfaits.

Ni Athénien, ni Romain, ni citoyen des Deux-Mondes, nullement Italien, je ne sais dans quelle case on pourrait vous classer.

Maintenant, venons à la liberté de la presse, non à celle que vous rêvez depuis longtemps, non à celle qui propage le scandale, mais à la liberté qui fortifie la pensée, qui se maintient dans l'ordre moral pour le triomphe de la religion, la sainteté de la famille, et qui, prenant sa force dans le sanctuaire de la loi, commande le respect.

Le journalisme n'a pas été créé pour saper la société,

pour décourager les nations, pour préparer les esprits à la révolte. La langue parlée avait besoin de la parole écrite pour marquer progressivement les efforts des gouvernements, les tendances humaines, le sillon où la science, les découvertes et l'industrie sèment leurs graines d'avenir !

Vous ne rêvez, vous, que les saturnales de la presse. Votre esprit tendant toujours à démolir, vous vous servez sans cesse de votre encrier comme d'un corrosif et de votre plume comme d'un poignard empoisonné. Nature bilieuse, vivant à l'écart du monde visible, vous lancez, par moments, quelques pamphlets, qui apparaissent comme des éclairs préludant à la tempête.

Je vous avoue qu'en 1793, le style de Marat était plus correct que le vôtre, vous avez les mêmes idées politiques, sans avoir la même précision et le même coloris.

Vous êtes furieux contre la haute et auguste intelligence qui s'est opposée en France au dévergondage de certaines doctrines, et qui, mettant un frein à un scandale contraire aux mœurs de la nation française, a su assigner une plus noble place au journalisme.

Les turpitudes de la pensée ont disparu pour faire place à un travail incessant, progressif, qui profite aux intérêts de tous, la nation qui a adopté le principe constitutif de 89, ne devant et ne pouvant être déshonorée par des pamphlétaires dont les deux tiers s'étaient vendus à l'étranger.

La presse s'est légitimée par la loi ! toutes choses utiles y trouvent leur place, et il a été écrit depuis trois années plus de choses utiles que dans un demi-siècle.

Auparavant, aucun asile n'était inviolable, et l'on voyait de nobles fronts contraints à rougir et à s'incliner devant la calomnie. On escaladait même le trône immortel de

Dieu pour le faire déchoir de son éternelle puissance. Oui, ces titans ont été foudroyés et certes, pour l'honneur de la France, Mazzini ne trouverait pas un éditeur à Paris.

Il s'imprime en France les deux tiers de plus d'écrits périodiques qu'à aucune époque antérieure. Il est vrai que l'on a senti le besoin de s'occuper sérieusement de tout ce qui est sérieux, et que, depuis les Comices agricoles jusqu'à l'Institut, le vide s'est comblé comme par enchantement. On fait des choses utiles, et on ne fait plus de pamphlets. Voilà ce qui vous fait ronger de rage vos ongles méphistophéléens !

Par vos écrits vous êtes parvenu à corrompre la jeunesse italienne ; les hommes de quelque poids et de quelque maturité n'ont jamais eu confiance en vous. La jeunesse est facile à égarer ; elle se prête aux idées rien que par le prestige de la nouveauté ; elle n'interroge jamais les conséquences du fait ; et il vous était facile, en exploitant la mobilité de ses passions, d'imiter Mahomet, en vous créant des séides.

Qu'avez-vous fait de ceux que vous avez ainsi corrompus ? De quelle manière traversâtes-vous la période des deux dernières années de votre existence soi-disant politique ? En laissant supposer à ceux que vous veniez de pervertir, que l'Angleterre était avec vous et que son gouvernement vous donnait chaque jour des gages de sa sympathie. Vous en avez effrontément menti, car les nations et les puissances qui se respectent n'agissent jamais ténébreusement, lorsqu'il s'agit de l'affranchissement d'une nation. Avouez donc que vous ne comptiez que sur quelques clubistes chartistes, qui sont pour la Grande-Bretagne ce que vous êtes pour l'Italie !

En faisant parade de l'arrêt du jury anglais, dans la monstrueuse affaire de votre complice Bernard, vous vous dressez sur vos ergots, sans comprendre que notre alliée a dû plutôt céder à des formes de procédure incomprises et fatales qu'aux sentiments de la répulsion de tout un peuple pour l'attentat du 14 janvier.

S'il en était autrement, l'Angleterre n'aurait plus aucun droit ni à nos sympathies, ni à notre fraternelle et puissante union, et nos braves soldats de Crimée rougiraient d'avoir rompu le pain avec un soldat anglais.

Le droit des gens, qui implique le droit d'asile, ne peut se transformer en un repaire d'assassins, et détruire ainsi la loi primitive de Moïse, qui ne protégeait que la faiblesse contre l'oppression, l'innocence contre la perversité.

Il y a une plus grande piraterie que la traite des noirs, et si l'Angleterre se permettait de faire celle des blancs contre une grande nation amie et alliée, la France se lèverait comme un seul homme pour protester.

Grâce à Dieu, cette utopie n'a lieu que dans votre tête, et je vous défie de trouver dans tous les journaux anglais une seule ligne qui démente mon assertion.

Certes, si par l'élasticité de la loi anglaise vous ne pouvez pas être parqué dans les limites de l'impossibilité du crime, votre criminalité n'en existe pas moins.

S'il y avait quelque force dans vos opinions, quelque prestige dans vos vues, vous n'auriez pas besoin de recourir à cette prétendue inviolabilité sur une terre étrangère. Les révolutions se font dans les esprits et germent toutes seules lorsqu'on les étaye sur le droit. Où est votre droit à vous, quels sont vos protocoles et vos traités ?... Jusqu'à présent, vous n'avez fraternisé qu'avec le crime ! jusqu'à présent, vous n'avez que déshonoré l'hospitalité partout où elle vous a été accordée! vous n'avez pour partisans que des révolutionnaires et des entrepreneurs d'assassinats, vous avez changé votre diplôme d'avocat contre celui de conspirateur et de faiseur de complots.

Si votre extradition est impossible aussi bien pour la France que pour le Piémont, il ne faut pas vous enorgueillir de ce que la loi anglaise est impuissante. Les Romains, ne croyant pas à la possibilité et à l'horreur du parricide, n'avaient établi aucune loi sur cette matière! Les législateurs anglais ne s'étaient pas doutés de l'apparition de Mazzini!

Mais ce qui n'a pas été fait par la France, en 1814 et en 1816, pourrait bien se faire en 1858, puisque le repos de l'Europe est consolidé, et que toutes les puissances sont intéressées à la restauration de la morale publique.

La Belgique, le Piémont et la Suisse n'ont pas cédé, comme vous le dites, à une pression étrangère ; c'est le besoin de sauvegarder leurs frontières et leur repos, qui les a poussés à signer cet acte équitable de droit et de garantie internationale.

En 1833, lorsque vous abandonniez lâchement les Polonais et les Italiens, que vous aviez engagés dans votre tentative en Savoie, les cantons de Genève et de Vaud et le gouvernement fédéral ont fait preuve de la plus grande loyauté en dispersant vos bandes. Pourquoi l'Angleterre n'en ferait-elle pas autant et pour vous et pour les vôtres, dans un moment où vous vous promettez encore de promener votre drapeau ensanglanté en France, en Piémont et dans la Lombardie?

Cet acte pourrait s'appeler à juste titre : la confédération de l'honneur. Si la France, au moment où elle a accordé l'hospitalité à tous les réfugiés, ne les eût point désarmés et mis dans l'impossibilité de troubler son repos, croyez-vous que l'Europe ne lui eût pas déclaré la guerre?

Il vous plaît de formuler une étrange accusation ; vous accusez le souverain que la France s'est librement donné de n'être entouré que de ses complices! Il vous eût été sans doute plus agréable de voir, dans les conseils de l'Empereur, Ledru-Rollin, Louis Blanc et Félix Piat ! cette trinité aurait eu votre assentiment.

L'idée est aussi pauvre qu'une pareille prétention est ridicule.

Au 2 décembre, pendant cette nuit où vos amis préparaient le cercueil de la France, le prince président, en faisant un appel à la loyauté et au patriotisme d'une haute et honnête intelligence, détruisait toute suspicion, en se mettant à l'abri de toute cabale de parti. C'est dans une conscience honnête qu'il laissait tomber le mot : *vote universel!* c'est un magistrat courageux et expérimenté, n'appartenant directement à aucun parti, qui venait, en qualité de ministre de l'intérieur, faire un appel à l'opinion et à la conscience de tous les Français. Et c'est cela que vous appelez escamoter le pouvoir! Vous ne vous inclinez pas même devant la logique des faits, et dans l'impuissance de votre raisonnement, vous confondez les hommes et les résultats de leur dévouement à la France.

Ce vote, votre parti l'avait demandé ; les légitimistes mêmes, depuis MM. de Genoude, de Larochejacquelein, de Pastoret; les républicains, depuis Armand Carrel jusqu'à Marrast, le comprenaient comme une nécessité absolue, comme une satisfaction donnée à l'esprit public!... Est-ce la faute du prince Louis-Napoléon si les émissaires du désordre ont été battus de toutes parts, si l'armée a voté pour l'héritier de l'Empire, et si les citoyens, librement appelés, ont proclamé le neveu de l'Empereur l'élu de la nation ?

Avouez que vous et les vôtres espériez le contraire et comptiez sur un autre résultat. Dès ce moment, vous avez été piqué au vif : vous avez senti votre impuissance, et, ne voulant pas faire retraite, vous propageâtes de plus en plus l'émeute et vos doctrines subversives.

L'ouvrier demandait du travail, il avait hâte de sortir du dénûment dans lequel il était plongé depuis les scènes scandaleuses du Luxembourg, il pressentait que le gouvernement allait régénérer sa position, et que le droit au travail serait une vérité. Il a pris sa veste, s'est armé de ses outils, il a trouvé le pain quotidien que vous lui promettiez en vain, et son sang épuisé a fait battre toutes ses artères.

Vous et les vôtres ne rêviez que la destruction ; le nouvel empire allait créer !

Chaque changement de gouvernement entraîne des susceptibilités, surtout de la part des puissances étrangères, qui craignent toujours de se trouver devant l'écueil d'une politique nouvelle. Il n'en a rien été, et la France venait à peine de se raffermir que tous les souverains s'empressaient de la féliciter. Les petites querelles allaient s'éteindre pour faire place à des questions européennes qui tenaient en émoi l'Occident et l'Orient.

C'est ici que se dessine la pensée impériale. Le premier Empire était tombé par la trahison sous le faisceau de ses lauriers Napoléon III déclara qu'il ne rêvait aucune conquête. Une guerre européenne devenait dès lors impossible ;

tous les esprits étaient dans le calme et dans la sécurité, l'industrie développa ses ressources, le commerce reprit des forces, et nos locomotives aux croupes cendrées allaient apprendre jusqu'aux bords du Rhin et de la Méditerranée, que la France était entrée encore une fois dans la grande famille européenne, en repoussant ceux qui voulaient l'abâtardir. On avait besoin d'un emprunt pour parer au déficit laissé dans les caisses depuis 1848, et au lieu de sept cents millions, la France offrit au trésor public des milliards !

Ce n'étaient là que les premières preuves de la confiance publique.

Ce qui vous désespère, c'est que la première pensée de l'Empereur ait été de réparer le désordre de votre néfaste passage. C'est pour cela que vous voyez dans l'Empire l'anéantissement de tous vos projets et de toutes vos espérances ; c'est pour cela que vous déclarez que la vie religieuse de la France n'est que l'hypocrisie catholique ; c'est pour cela que vous confondez le droit et la liberté, la vie intellectuelle et la vie fictive n'ayant aucune notion du vrai et de l'acquis.

Si les gouvernements impliquent des faits antérieurs, ils ne savent et ne sauraient être responsables que de leurs actes. Les peuples qui tendent à la liberté ont besoin de se perfectionner insensiblement pour être dignes de s'appeler libres. C'est ce que fait en ce moment la France.

Ne supposez pas que c'est à Mazzini seul que je m'adresse en écrivant ces lignes. Je tiens à n'être pas inconséquent avec moi-même, et vous ayant trouvé sur mon chemin, je m'en prends à vous pour combattre en même temps ceux qui pourraient vous suivre. Souvenez-vous de ces mots de

Thémistocle : La loi c'est la vérité ; la vérité c'est la science du droit ; le droit est la consécration du repos d'Athènes !

Or, vous avez déchiré le code de la loi par le mensonge, le droit par la félonie, le repos par l'agitation. Vous luttez, mais vous ne combattez pas : c'est le pugilat des boxeurs, cela ne sera jamais la loyauté chevaleresque d'un Italien. Il faut que vous estampiez votre griffe sur la sainte figure de l'humanité pour faire ruisseler des goutelettes de sang qui tombent à vos pieds. C'est le parfum du paganisme et de l'impiété ! Vous ne croyez à rien, et je doute que vous ayez jamais cru à vous-même.

Il y a par-ci par-là de ces anomalies devant lesquelles la science recule : vous êtes cette anomalie vivante. Le sang de Rossi, traîtreusement assassiné à Rome, coule sur vous, et toutes les eaux lustrales de la postérité ne sauraient vous en laver.

Juif-Errant de la République, vous avez au moins le privilége de vous asseoir au festin de Balthazar, battant monnaie, et regardant avec anxiété si les Satrapes ne viennent pas frapper à votre porte. Les Satrapes sont ceux que vous avez fourvoyés dans votre horrible et exécrable conspiration contre l'ordre public ; vous suivez, de plus en plus, la pente sur laquelle vos pieds glissent.

Mazzini, si Sylla a laissé à Rome un nom exécré, vous y avez superposé le vôtre ! Mazzini, le dictateur romain se retirait fatigué de la corruption et de l'imbécillité de ses adeptes ; vous ne jouirez pas même de ce privilége, car vous avez vécu au sein d'une société éclairée, et tous vos complices vous laisseront, tôt ou tard, plongé dans les ténèbres de la solitude. Mazzini, si je supposais que vous croyez en Dieu, je vous dirais : A genoux ! sa miséricorde est infinie ; et si la société vous a condamné, sa clémence peut encore vous ouvrir une porte de salut. Son sang précieux, ruisselant de Golgotha, a été répandu pour racheter le monde, et puisque vous restez une créature humaine, priez et adorez !

Ce n'est aucun sentiment de haine qui m'anime contre vous, mais bien cette intuition chrétienne qui me permet de supposer que toute corruption et tout crime peuvent se laver par le baptême du repentir.

Il vous faut les eaux du Jourdain pour laver les souillures de votre vie, le cilice à la place du poignard ; il faut, enfin, que Mazzini retrempé vienne protester contre Mazzini corrompu.

Il ne me reste plus qu'à vous désillusionner sur votre importance politique, ce que je ferai avec le langage de la modération, parce que je vous prends tellement en pitié que je ne me sens plus la force de vous incriminer et de faire votre procès.

III

Ne dirait-on pas, en vous lisant, que vous êtes dans le secret de tous les cabinets européens, que la Russie même vous ouvre ses cartons, et que la Prusse et la Confédération-Germanique vous communiquent leurs notes !

Vous traitez les questions des alliances avec une étrange impertinence. Vous brouillez les cartes et vous faites toujours sauter la coupe. Je ne sais où vous avez appris que la France a fomenté la guerre d'Orient et qu'elle a recueilli, seule, les bienfaits de l'alliance.

Apprenez que la France, par le sacrifice de ses braves soldats et de son désintéressement très-connu, s'est alliée précisément à l'Angleterre dans une question qui menaçait les destinées de l'Europe, et que sous les plis de son drapeau national, la Grande-Bretagne ne peut inscrire qu'un seul mot : Reconnaissance !

Les races slaves, helléniques, roumaines et turques ont acquis, par ce seul fait, la liberté civile, religieuse et politique à laquelle elles aspirent depuis plusieurs siècles.

N'ayant jamais que tyrannisé les consciences, vous voudriez enlever à notre patrie la plus noble de toutes les conquêtes : celle de son dévouement à la protection des faibles.

Lorsque Charles-Édouard était à Paris en 1748, le cabinet anglais, n'a-t-il pas obtenu de le faire expulser ? La grande reine Élisabeth n'a-t-elle pas fait expulser Botwell de l'Angleterre ? La Grande-Bretagne et le Danemark n'ont-ils pas signé en 1761 un traité réciproque d'extradition ? Les juges de Charles Ier n'ont-ils pas été arrêtés en Hollande, pour être décapités à Londres ?

Et pourquoi n'établirait-on pas une enquête sur vos actes ? Pourquoi l'Angleterre ne vous mettrait-elle pas dans l'impossibilité de nuire ? Pourquoi ne ferait-elle pas ce que Georges IV a fait pendant le règne de don Miguel à Lisbonne ? Quelle est la charte qui peut vous protéger ? Quelle est la loi que vous pouvez invoquer ? Sur quel droit établissez-vous la théorie du crime ? Et depuis quand est-il permis à un Mazzini de s'abriter sous le pavillon britannique pour écouler sa marchandise de meurtre et de dévastation ? Depuis quand vous permettez-vous de demander la force qui vous manque pour vos actes de honte et de désolation à une nation civilisée ?

Au moment où je vous écris, je sais toute votre menée en Piémont et en Lombardie, et surtout à Livourne, en Toscane, car vous n'agissez jamais que là où un navire acheté, ne touchant pas au port de votre ambition, peut vous donner refuge et vous mettre au large.

Vous demandez si la vie est dans l'Empire français !... Son drapeau, faisant le tour du monde, se promène partout ; il est salué des confins de l'Australie jusqu'aux lagunes de Venise. Celui des vôtres n'est plus qu'une loque, et ne tient que dans votre poche. C'est le mouchoir du Robert-Macaire de l'anarchie !

Une pauvre femme se promenait dernièrement sur les bords du Tibre, les cheveux épars, les larmes aux yeux ; un Anglais s'approcha d'elle par esprit de commisération, dans la conversation il prononça votre nom ; la malheureuse tressaillit et elle s'écria : Oh ! l'infâme ! il a déjà fait tuer mes deux premiers enfants, et il traînait le troisième à Londres !

C'est dans le pays où vous avez voulu établir votre puissance éphémère que vous ne trouvez que des cris de malédiction.

Présentez-vous, si vous l'osez, devant les Transtéverins, et dites-moi si, parmi ces peuplades que vous aviez fascinées, vous trouvez encore un seul bras dévolu à votre cause.

La porte de l'humanité est fermée à votre parti ! La vie des nations se retire de lui, car il l'a rétrécie, comprimée et flétrie !!! Rêvant la République, vous voulez la rendre esclave ; vous n'agissez jamais que par l'orgueil et vous tombez par l'impuissance ! Vous bombardez la conscience, et vos hommes en prostituent les nobles reflets.

La Conférence de Paris ne pouvait être que la conséquence de la politique française loyalement intervenue dans les grandes questions qui agitaient l'Europe ; vous ne supposez sans doute pas que toutes les puissances se seraient rendues d'un plein accord à une demande hautaine et arbitraire, et que tandis que la société civile se formait, la diplomatie aurait déserté ses traditions, si elle n'avait compris la nécessité de protester à Paris contre un passé devenu maintenant impossible.

La confiance des nations amies et alliées ne se commande pas et ne saurait exister que par la loyauté.

Le Congrès de Paris n'est qu'un acte d'adhésion à la politique de l'Empereur.

Sans cela, les ministres des puissances étrangères n'auraient été appelés qu'à jouer un rôle purement passif, et tous les peuples de notre continent auraient été surpris d'un pareil spectacle.

Les doctrinaires, devancés par l'opinion publique, trop faibles pour se maintenir, n'ont plus un Pitt, ni un Wellington pour y aller déposer leurs cartes de visite.

La France, sans esprit de domination, a reconquis l'idée de sa puissance, elle n'a flatté ni ses alliés, ni les passions de la démagogie, et elle a puisé dans sa seule force tous les éléments de la justice.

Sans intervenir jamais, directement, dans les questions qui pèsent sur le passé et l'avenir, elle conserve universellement, constamment et réciproquement sa très-haute influence. Toujours généreuse, elle proteste contre vos menées, laissant à qui de droit la possibilité de s'en délivrer. Elle vous tient en échec, sachant que votre nom inspire une égale horreur en Italie comme en Angleterre.

Votre mission éveillerait aussi bien les susceptibilités de Saint-Pétersbourg et de Madrid que celles de la France et de la Grande-Bretagne. Vous êtes en désaccord, par votre turbulence dangereuse, avec toute l'Europe pacifiée ; vous entendez mal le devoir des peuples et vous faites rétrograder la liberté.

Le droit des gens, dans un pays ami et limitrophe, ne fait que neutraliser vos intrigues et vos correspondances coupables. Vous êtes un tribun déchu, auquel un Corse apprend la langue de la garantie et de la sécurité publiques.

Aujourd'hui même, et au moment où je vous écris, vous êtes comprimé partout, et par des mesures de précaution, ce qui prouve que les gouvernements ont un intérêt commun à vous appréhender au corps.

Cette répulsion générale qui vous poursuit et vous enveloppe sans cesse, ne saurait fortifier votre position. Nous avons des arrêtés pour museler les chiens enragés, pourquoi n'en aurions-nous pas contre Mazzini, qui voudrait mordre de sa dent au cœur de la société?

Vous vous montrez par-ci, par-là, comme les crocodiles du bord du Nil, vous happez quelque proie et vous vous endormez ensuite sur le sable brûlant de la révolution.

Les Corses vivent d'une autre vie. Au sommet de leur pays accidenté, sur la plage où leurs sources fécondes vont se confondre avec la mer, dans leurs villes ouvertes au commerce, dans leurs montagnes hospitalières, ils ont inscrit, buriné et gravé le nom de Napoléon! Ce n'est pas le culte de l'assassinat, mais celui du droit, du respect à la loi et de la reconnaissance envers Dieu!

C'est de Londres que vous tirez sur les Corses, toujours par le même principe d'inviolabilité territoriale qui vous abrite!... Si vous vous montriez devant un de nous, et surtout devant celui qui vous écrit, on n'aurait besoin d'aucune combinaison politique pour vous réduire à l'inaction et au silence, et cela avec des armes loyales trempées dans le courage d'un homme.

Vous avez envoyé, il y a quelques années, des émissaires à Ajaccio et à Bastia; malheureusement pour vous, vous n'avez trouvé que des Corses, c'est-à-dire des hommes dévoués à leur patrie et à l'Empereur, prêts à se faire hacher plutôt que de flétrir leur renommée.

Si une police, que vous appelez malignement police corse, escorte l'Empereur, c'est que, dans le cœur des hommes insulaires et continentaux qui la composent, la trahison ne peut pas s'infiltrer. Si un ministre corse, dont toutes les opinions en France ont mené le deuil, s'est éteint dans la force de l'âge, c'est par son incessant travail d'homme d'État et de magistrat qui, en brisant sa carrière, enlevait un serviteur à l'Empire.

Si M. Piétri a été contraint de demander du repos, ce n'est que pour reprendre des forces, mais ce magistrat ne saurait cesser de vous combattre et rendra impossible la réalisation de vos menaces de dévastation et de meurtre.

J'ai sous les yeux le *Journal des Débats* du 1ᵉʳ mars 1852, où votre coupable et ridicule coup-de-main, tenté à Milan, est condamné. Vous êtes traité et mis au nombre des furieux dont les entreprises ont toujours été fatales à la Lombardie, et c'est le 6 février, pour la cause désastreuse de votre pays, que vous adressiez de Londres une proclamation à vos frères ! Vous les appeliez à l'insurrection, en ordonnant de rompre sur tous les points les lignes de l'ennemi, de se concentrer en tuant et en dispersant les soldats, en détruisant les routes et les ponts, et vous disiez : Désorganisez l'Autriche, frappez ses officiers, poursuivez les fuyards et faites la guerre à coups de couteaux !

Et vous pouvez supposer que tout ce qu'il y a de sain dans la société ne surveille pas Mazzini, qui a été obéi en 1852, et qui est exécré aujourd'hui !

Cette manière de procéder, en politique, par une boucherie universelle, a réduit Milan au régime rigoureux d'un état de siége, tandis que vous vous prélassiez ailleurs en rêvant à l'assassinat de l'Empereur François-Joseph.

Vous vous étiez servi du bras d'un Hongrois pour le tuer, en vous déclarant protecteur de la Hongrie. C'est le 18 février que ce crime a été commis à Vienne, par vos ordres, comme c'est le 14 janvier 1858 que Félice Orsini et ses satellites le commettaient à Paris.

Toujours et sans cesse le même principe!! Le gouvernement autrichien, convaincu que vous aviez mis votre main dans celle de Kossuth, négocia à Berne, à Turin et à Londres, pour obtenir justice de cet inqualifiable forfait.

Les journaux de Londres, à cette époque, et surtout le *Times*, déclarèrent qu'il était temps de concilier la généreuse et libérale tolérance de la législation anglaise avec le salut de l'Europe.

C'est l'œuvre que la France poursuit et dont les observations, sans porter atteinte à aucun droit, seront, je l'espère, écoutées. Dès le moment où le droit d'asile existe, le droit d'expulsion devient évident: ce n'est pas violenter la loi, c'est en suivre le principe et la règle. Il faut admettre des conditions naturelles du droit d'asile, si l'on veut moralement les appliquer.

Toutes les notes émises par les confédérations de la Suisse en font foi, car la garantie du droit commun a des obligations spéciales qu'on ne saurait méconnaître.

Le Piémont est tenu plus que tout autre État aux mêmes obligations, et la sagesse de son gouvernement saura bien certainement les accomplir.

Si l'on aime, si l'on soutient tout ce qui est honorable dans l'exil, on doit se tenir sur ses gardes contre la conspiration permanente de Mazzini. Il faut de la prévoyance, même pour sauvegarder les familles lombardes et vénitiennes qui se sont soumises au Piémont.

Est-ce que les Italiens de la Sicile, de Naples et des États-Romains vous appartiennent? Avez-vous quelques moyens de protéger, d'améliorer leur position? Prêtre de l'église subversive, où est votre bénitier pour donner votre baptême aux peuples? Détrompez-vous, la dignité et l'indépendance des nations ne s'acquièrent que par la prépondérance de leurs vertus et de leur manière d'être.

Où est votre drapeau de nationalité? où le promenez-vous? Vaincu de toute part, vous n'avez pas une seule victoire à enregistrer. Voulant détruire sans cesse, vous ne pouvez que compliquer de plus en plus les questions qui nous agitent! Vous n'êtes qu'un point d'interjection entre le bien et le mal, entre la vérité et l'erreur, et la raison humaine vous repousse. Vous vous êtes placé comme une règle générale, tandis que vous n'êtes qu'une idée abstraite; vous voudriez bien traiter de puissance à puissance avec les gouvernements constitués et consolidés, et votre voix se perd dans le désert!

Ne trouvez donc pas mal que la mienne se fasse entendre; nous n'avons besoin en France d'aucun concours que de celui du souverain qui régit nos destinées, et si le Tibre vous a été fatal, la Seine est calme pour nous. Nous sommes les héritiers de la puissance, de la gloire et de l'honneur; nous ne marchons pas à tâtons comme vous, mais avec notre formidable force de nation que l'Empire s'est acquise par son indépendance. La France veut délivrer toute l'Europe d'une cause de troubles et de tracasseries; elle brise ainsi votre piédestal.

La France est en Europe ce que toute grande nation a le droit d'être : l'expression de la volonté unanime de ses concitoyens ! Vous restez un homme de parti fatal à l'ensemble de la société. Pour rétrograder, il vous faudrait entrer dans la civilisation, mais je doute qu'on vous signe jamais un passe-port *ad hoc.*

Je ne sais quel est l'homme d'État qui a dit que les révolutions se suivent et ne se ressemblent pas ; je comprends pourtant que vous les suiviez, vous, car vous ne vivez que de désordre.

On a fermé quelquefois les yeux sur vos faits, sur vos paroles, mais dès le moment où vous dirigez vos vues de meurtre sur la personne sacrée de l'élu de la France, il n'y a pas seulement que les Corses qui les ouvrent, mais tous les autres départements de la France et son armée disciplinée qui ne sauraient craindre et qui résisteraient à l'occasion à toute préoccupation étrangère.

De nouveaux besoins ont changé la face du monde, mais la barbarie de vos théories ne peut isoler aucun peuple. Nous marchons par le progrès vers la succession immédiate et non interrompue de nos conquêtes ; vous, vous restez dans le néant.

L'expulsion, l'extradition et la mort, voilà les trois mots qui sonnent à vos oreilles comme le glas funéraire ! Faites pénitence, Mazzini, et la société chrétienne pourra, peut-être, vous absoudre et vous pardonner !